Ramona Benouadah

Eine Romanze mit der Poesie

Ramona Benouadah

Eine Romanze mit der Poesie

Lyrische Leckerbissen

Goldene Rakete Verlag für Belletristik

Imprint
Any brand names and product names mentioned in this book are subject to trademark, brand or patent protection and are trademarks or registered trademarks of their respective holders. The use of brand names, product names, common names, trade names, product descriptions etc. even without a particular marking in this work is in no way to be construed to mean that such names may be regarded as unrestricted in respect of trademark and brand protection legislation and could thus be used by anyone.

Cover image: www.ingimage.com

Publisher:
Goldene Rakete Verlag für Belletristik
is a trademark of
Dodo Books Indian Ocean Ltd. and OmniScriptum S.R.L publishing group

120 High Road, East Finchley, London, N2 9ED, United Kingdom
Str. Armeneasca 28/1, office 1, Chisinau MD-2012, Republic of Moldova, Europe
Printed at: see last page
ISBN: 978-620-0-52117-0

Ramona Benouadah

Eine Romanze mit der Poesie

Lyrische Leckerbissen

Eine Romanze mit der Poesie

Lyrische Leckerbissen

(Gedichte)

Inhaltsverzeichnis

Prolog

Liebe Leser und Leserinnen, sicher fragen sie sich, ob Gedichte noch zeitgemäß sind? Den weltberühmten Johann Wolfgang von Goethe kennen sie alle? Wie der legendäre Goethe dichte ich natürlich nicht. Wie könnte ich? Warum sollten sie meine Gedichte überhaupt lesen? Welchen Impuls hätten sie? Die Frage stelle ich mir allerdings auch. Früher hatte ich auch nie etwas am Hut mit den Gedichten. Ich und Gedichte?? Gedichte sind wie kleine Geschichten, über Gott und die Welt. Nach dem Tod meiner geliebten Großmutter fing ich an die Geschichten in meinem Kopf niederzuschreiben, und ein schlauer Fuchs lehrte mich das Dichten. Jeder Mensch liest gern Geschichten. Vorhang auf: Betreten Sie mit mir die große Bühne der Poesie. Folgen Sie mir in eine Welt der Dramen, Teufeleien, Leidenschaften und des beschwingten Humors. Dieses erste Gedichtband widme ich meiner geliebter Oma in ewiger Liebe und Dankbarkeit. Und in den Zeiten des Sturms, in denen wir leben müssen, ist ein Ausflug in die Welt der Poesie eine willkommene Abwechslung und Zerstreuung. In meinen Geschichten verarbeite ich angemessen alle Eindrücke, schöne sowie auch kritische. Jeder Mensch kann dichten. Versucht es doch auch, ihr werdet überrascht sein, denn es macht Spaß.

1. Kapitel

Im Himmel meines Herzens

In ewiger Liebe und Dankbarkeit
meinem geliebten Engel Elisabeth (meiner grand-mère) gewidmet!

Im Himmel meines Herzens (Au paradis de mon coeur)

Des Todes Anker zieht mich in die Tiefe meines Seins,
im Himmel meines Herzens sind wir dann auch wieder eins.
Der Flügelschlag des Todes er trägt mich weit von dir fort,
im Himmel meines Herzens da erblüht der schönste Ort.

Das Meer der Tränen zieht mich in die Tiefe meines Seins,
im Himmel meines Herzens sind wir dann auch wieder eins.
Der dunkle Sturm des Todes er tobt noch in meinem Herz.
im Himmel meines Herzens gibt es weder Leid noch Schmerz.

Die Macht der Trauer zieht mich in die Tiefe meines Seins,
im Himmel meines Herzens sind wir dann auch wieder eins.
Dein helles Seelenkleid es schmückt der schönste Rosenkranz,
im Himmel meines Herzens wandeln wir in Gottes Glanz.

Anno 21.10.2017

Und wenn ich durchwanderte Hundert Morgen Land

Im Gedenken, in Liebe, meiner Omi Elisabeth gewidmet!

Und wenn ich durchwanderte Hundert Morgen Land, ich käme nie zu dir,
und wenn ich für dich tausend Zeilen niederschrieb, du bist nicht hier.
Und wenn die Lerche für dich lieblich sänge, hören könntest du sie nie,
du bist von mir gegangen - und in mir die Trauer leidvoll schrie.

Und wenn ich mit gesenktem Haupt vor deinem Grabe knie, hörst du mein fleh'n?
Und wenn ich tausend Rosen für dich pflückte, würdest du sie seh'n?
Und wenn ich durchwanderte Hundert Morgen Land, ich käme nie zu dir,
und wenn ich für dich tausend Zeilen niederschrieb, du bist nicht hier.

Augenstern

In ewiger Liebe und Dankbarkeit meiner Omi Elisabeth gewidmet.
Sie war mein Augenstern.

Der Hauch der Dunkelheit entriss dich mir aus meinem Arm, das Leben ist so fern,
du warst in meinem Sein das Licht, du warst in meinem Herz der Augenstern.
Die Tränen meiner Sehnsucht perlen von den Blütenkelchen wie der Morgentau,
dein Seelenkleid es strahlt so schillernd wie das Federkleid vom stolzen Pfau.

Der Hauch der Dunkelheit entriss dein Herz aus meiner Welt, das Leben ist so fern,
du warst in meinem Sein das Licht, du warst in meinem Herz der Augenstern.
Der Schleier meiner Trauer er umhüllt mein Leben wie die Finsternis die Nacht,
dein Haupt geschmückt mit einem zarten Rosenkranz erstrahlt in edler Pracht.

Am Rhein sah ich ein Blümelein

Am Rhein sah ich ein Blümelein,
es strahlte wie der Sonnenschein.
Vor Freude zog ich meinen Hut
und meiner Seele tat das gut.

Am Rhein sah ich ein Blümelein,
es stand dort einsam und allein.
Für seine Pracht wird es verehrt,
so manches Herz hat es bekehrt.

Am Rhein sah ich ein Blümelein,
das Blütenkleid entzückend fein.
Mein Blümelein ich sah nur dich,
dein Blütenzauber küsste mich.

Der stille Wandrer

Die dunkle Nacht umarmt den Wandrer,
er wandert einsam wie kein andrer.
Der stille Wandrer küsst die Sterne,
geleitet uns aus weiter Ferne.

Die dunkle Nacht liebkost das Sein,
im satten Rot getränkt der Schein.
Ist seine Liebste noch so fern,
er leuchtet heller als ein Stern.

Hörst du schon?

Hörst du schon die ersten Vögel singen,
auf den Schwingen uns den Frühling bringen?
Hörst du ihn auch schon ganz leise flüstern,
aus der Ferne, voller Sehnsucht lüstern?

Erstes Grün im Tal erblüht, ganz zart,
ja, des Winters Kälte war so hart.
Am Bach träumt des Bauers holde Maid,
aufgeputzt im schönsten Frühlingskleid.

Triumphal

Triumphal ist der Einzug des Frühlings, bedacht und sacht.
Es kämpft einsam, verbittert, der Winter um seine Macht.
Und er steigt gar euphorisch gen Himmel empor, er wird nicht knien,
kokettieren, flanieren, so wie einst die Kaiserin in Wien.

Violine spiel, spiel Violine

Violine spiel, spiel Violine. Bring mir den Lenz.
Gar beschwingt hör´n wir heute nen flotten Jazz im Benz.
Violine spiel und lass die Kirsche gar wieder blühn.
Violine spiel, tanz mit uns holder Lenz, forsch und kühn.

An einem lauen Frühlingstag

An einem lauen Frühlingstag da klagte ich dir all mein Leid,
und du umarmtest mich mit deinem hübschen Blütenkleid.
Die Anmut deiner Blätter wiegten mich sanft in den Schlaf,
die Krone deiner Ehre ragt empor, so stolz, als ich dich traf.

An einem lauen Frühlingstag da schenktest du mir Herzenstrost,
im Schutze deines kühlen Schattens es erblüht der Augentrost.
An einem lauen Frühlingstag erwecktes du mein Löwenherz,
in meinem Herzen singt der Frühling und vergessen all der Schmerz.

Des Sommers letzte Brise

Die Amsel sie besingt des Sommers letzte Brise,
das Blümelein es blüht noch auf der Wiese.
Es fallen schon die ersten Blätter von den Bäumen,
des Herbstes Lied erklingt in unsren Träumen.

Der Herbst er trägt des Sommers letzte warme Brise,
das Blümelein es bangt schon auf der Wiese.
Im Wind des Herbstes viele bunte Blätter tanzen,
der Herbst, er frohlockt zärtlich die Romanzen.

Wir lustwandeln noch in des Sommers letzter Brise,
das Blümelein es schläft bald auf der Wiese.
Des Herbstes Chöre lieblich in den Kirchen singen,
das Lied vom Herbst es wird uns Freude bringen.

Laudatio

Verneigt ist unser Haupt vor dir, erhaben die Laudatio,
geschwellt die Brust, der Herbst kreiert sein schönstes Studio.
Der Berg verweilt im Liebesglück, die Bräute bunt geschmückt,
gar launisch ist der Herbst, mal Sturm, mal Sonne uns beglückt.

Wenn die Lerche holdselig singt

Ach was ist mein trunken Herz doch heute so beschwingt,
wenn die Lerche holdselig im Licht des Herbstes singt.
Zart das Rot der Blätter, die Fanfare schmettert laut,
auf dem Thron der Herbst, er hat sein Königreich erbaut.

Ach was ist mein trunken Herz doch heute so entzückt,
wenn das Lied der Lerche mich im goldnen Herbst beglückt.
Prunkvoll das Spiel deiner Farben, glückselig mein Herz.
Wenn die Lerche holdselig singt, es vergeht der Schmerz.

Der Mond zieht um die Häuser

Der Mond zieht um die Häuser,
es schläft schon der Kartäuser.
Die süßen Träume er uns bringt,
die Mutter uns ein Schlaflied singt.

Der Mond guckt in die Fenster,
vertreibt nachts die Gespenster.
Sein sanftes Licht uns liebkost,
es spendet Harmonie und Trost.

Der Mond umarmt die tiefe Nacht,
auf dass der Morgen neu erwacht.
Ihr Kinderlein, kommt schlaft ein,
und träumt vom süßen Engelein.

Des Herbstes zartes Werben

In satter Blüte steht die Knospe, bald ist sie verblüht,
der Herbst macht ihr verliebt den Hof, um ihre Gunst bemüht.
Des Herbstes zartes Werben wiegt die Liebste sanft im Wind,
die edlen Rosse sind gespannt, er eilt herbei geschwind.

In satter Blüte steht die Knospe, ihre Schönheit sie berührt,
der Herbst macht ihr den Hof, mit Kühnheit hat er sie verführt.
Des Herbstes zartes Werben es liebkost die schöne Blütenpracht,
er schenkt ihr seine ganze Liebe, bis der Winter ist erwacht.

Heimlich

Heimlich hat er sich herangeschlichen,
selbst der Sommer ist vor ihm gewichen.
Lang gehüllt in ungewolltes Schweigen,
kühl und farbenfroh des Herbstes Reigen.

Heimlich kroch sein Nebel aus den Ecken,
seine wilden Winde uns schon necken.
Blau des Herbstes Himmel, voller Geigen,
stürmisch ist des Herbstes Reigen.

In einem Tulpenmeer

In einem Tulpenmeer berauscht die Sinne,
das Leben nicht durch unsre Finger rinne.
Mit satter Farbenpracht verziert die Natur,
beseelt des Frühlings Lied auf weiter Flur.

In einem Tulpenmeer sind wir geborgen,
beglückt und frei die Seele, ohne Sorgen.
Gesang des Vogelchors ertönt mit Wonne,
in einem Tulpenmeer lacht stets die Sonne.

In deinem Schoße schläft des Frühlings Pracht

In deinem Schoße schläft des Frühlings Pracht,
in deinem Schutze, bis der Tag erwacht.
In deinem Schoße kommt das Tal zur Ruh,
im Blumenmeer mach ich die Äuglein zu.

Der Berge Geister schallen laut im Wind,
in deinem Schoße selig jedes Kind.

Ein Hauch von Schnee

Der Kuss das Glück erkor, ein Hauch von Schnee,
gehüllt in weiße Seide ist der kalte See.
In Winters Schoße schläft sanft ein die Blüte,
gehüllt in weißen Federn seiner Güte.

Ein Hauch von Schnee, der Kuss das Glück erkor,
des Winters Odem steigt gen Himmelzelt empor.

Oh mein holdes Schneeflöckchen

Oh mein holdes Schneeflöckchen, mein Herz es sehnt sich so nach dir,
unterm klaren Sternenhimmel woll'n wir tanzen, jetzt und hier.
Voller Sehnsucht schau ich hoch zum Himmel und ich finde keine Ruh,
einen Schneewalzer tanz ich mit dir, bevor ich mach die Äuglein zu.

Wache auf du holde Maid und tanze

Wache auf du holde Maid und tanze,
stoß vom Throne ihn mit Feuers Lanze.
Wache auf du holde Maid, begehre,
stoß vom Throne ihn mit Mut und Ehre.

Deine Seele ist im Eis gefangen.
Muss das Leben wieder um dich bangen?
Komm und kämpfe, seine Macht wird tauen,
wach auf holde Maid, du musst dich trauen.

Wache auf du holde Maid und tanze,
wir erheben uns in deinem Glanze.
Wache auf du holde Maid und küsse,
unsre Tränen füllen deine Flüsse.

Des Frühlings Tänzlein

Erblüht ihr zarten Blümlein,
verträumt das holde Röslein.
Vergnügt die schönen Fräulein,
beschwingt das stolze Rösslein.

Erquickt am klaren Bächlein,
erstaunt das kecke Entlein.
Erkunden altes Schlösslein,
bezirzend singt das Vöglein.

Erwacht ihr zarten Knösplein,
berauscht die kleinen Englein.
Beglückend Frühlings Tänzlein,
verzückt das liebe Schätzlein.

Ergrüne zartes Bäumlein,
verzaubert schweres Herzlein.
Beflügelt müde Füsslein,
verlockend Frühlings Tänzlein.

Der Mai ist voller Lust

Der Mai ist voller Lust,
zum Teufel mit dem Frust.
Der Mai das Herz begrüßt,
das Leben uns versüßt.

Der Mai ist voller Glut,
im Herz da brennt das Blut.
Der Mai ist heut verrückt,
das Herz ist schier beglückt.

Der Mai ist voller Duft,
das Herz genießt die Luft.
Der Mai uns Liebe schenkt,
das Herz das Leben lenkt.

Der Mai ist voller Kunst,
der Winter kalter Dunst.
Der Mai die Menschen eint,
das Herz vor Freude weint.

Der Mai ist voller Lieder,
er trägt das schönste Mieder.
Der Mai verführt das Leben,
die Herzen stark erbeben.

Der Mai ist voller Träume,
es blühen wieder Bäume.
Der Mai das Herz erwärmt,
wir haben so geschwärmt.

Ach wie war ich doch entzückt

Ach wie war ich doch entzückt,
als der Frühling mich beglückt.
Doch jetzt ist´s so bitter kalt,
der Winter macht nicht halt.

Ach wie war ich doch erfreut,
meine Sorgen war´n zerstreut.
Alles ist jetzt aus, vorbei?
Osterhas bringt uns kein Ei?

Ach wie war ich doch so froh,
nun der Frühling vor uns floh.
Winters Rache kalt serviert,
auch des Bauers Maus erfriert.

Ach wie war ich doch entzückt,
als der Frühling mich beglückt.

2. Kapitel

Verblasst das Glück

Verblasst das Glück des holden Sonnenscheins,
entfloh ich doch der Tristesse meines Seins.
Der Wind der Sehnsucht säuselt ins Ohr, leis,
doch er gibt sein Geheimnis niemals preis.

Der Klang des Herzschlags schwingt sich in die Luft,
der Hauch des Seins erfüllt mit Rosenduft.
Verblasst das Glück des holden Sonnenscheins,
das Licht liebkost die Blüte meines Seins.

Mein süßer Traum

Mein süßer Traum, im Liebesrausch lässt du mich swingen
und doch - du trägst die Illusion auf deinen Schwingen.
Mein Herz ist in den Sphären deines Seins versunken,
du süßer Traum, im Morgenrot bist du ertrunken.

Mein süßer Traum, du senkst die Flügel zu mir nieder,
du duftest süß - viel süßer als der schönste Flieder.
Mein süßer Traum, im Liebesrausch lässt du mich singen
und doch - du trägst die Illusion auf deinen Schwingen.

Du König meines Herzens

Du bist der König meines Herzens und viel zu schwer ist dein Herz,
im dunklen Schatten deiner Liebe wandelt all mein Schmerz.
Du bist der König meines Herzens und dein Reich regiert der Sturm,
gespannt die Flügel weit, denn dein Herz thront im höchsten Turm.

Du bist der König meines Herzens. Warum hörst du nicht mein fleh'n,
sag mir, siehst du mein Herz denn nicht am tiefen Abgrund steh'n?

Zu deinen Füßen

Dein Antlitz ist betörend wie der reinste Rosenduft,
der Weg zu dir ist voller Dornen, tief ist diese Kluft.
Zu deinen Füßen windet sich das Seelenheil im Staub,
der Liebe schenkst du kein Gehör, dein Stolz ist taub.

Mit Würde du erhebst dein schönes Haupt. Doch du bist blind.
Um deine Gunst es kämpft das Herz vergebens wie ein Kind.
Dein stolzes Antlitz schmückt wie ein Gemälde deine Wand,
zu deinen Füßen liegt die Liebe und du raubst ihr den Verstand.

„Dein Stolz ist wie die Rose im Schnee,
dein Herz gefroren wie das Eis auf dem See!“

Oh du Liebe

Wie ich dich such, oh du Liebe, wo ist dein Versteck?
Warum trittst du mich mit Füßen in den Dreck?
Warum öffnest du nie deine Tür, nur einen Spalt?
Bitterkalt dein Herz, kalt wie der Winter, kalt.

Wie ich dich such, oh du Liebe, du bist flatterhaft.
Warum ist die Lebenszeit wie Einzelhaft?
Warum, oh du Liebe, meidest du mich bis aufs Blut?
Bitterkalt dein Herz, zum lieben fehlt dir Mut.

Süß der Hauch von Rosenduft

Von den Düften deines Blütenkelchs umgarnt,
uns der Schmerz vor deinen spitzen Dornen warnt.
Süß der Hauch von Rosenduft, die Blüte lockt,
doch des Dornes Arglist uns aufs Neue schockt.

Von der Zartheit deines Blütenkelchs betört,
stolz, du Rose, uns dein Blütenkleid verstört.
Süß der Hauch von Rosenduft, erfreut das Herz.
und doch, eine Höllenqual des Dornes Schmerz

In deinem Arm

Tief sitzt in meinem Herz des Schmerzes Dorn,
der Liebe Träne löscht den größten Zorn.
Des Herzens Fesseln nie ein Mensch entkam,
in deinem Arm wird selbst mein Dämon zahm.

Der Liebe Feuersbrunst entflammt mein Sein,
in deinem Arm entflieht der Hölle Pein.
Des Herzens Liebe webt das schönste Kleid,
in deinem Arm entschlafen all mein Leid.

Dann küss mich so, als wäre es das letzte Mal

Dann küss mich so, als wäre es das letzte Mal,
begleite mich zu Tisch zu unsrem letzten Mahl.
So tanz mit mir, als wäre es der letzte Tanz,
erstrahle für mich, bis verblasst der letzte Glanz.

Dann küss mich so, als wäre es das letzte Mal,
bis unser Traum entschwindet wie der heil'ge Gral.
Die Geige sie spielt auf, wir lauschen ihrem Klang,
der Himmel weint, es ist der letzte Sonnenuntergang.

Der süße Hauch der Liebe

Dein Herz es wandelt in dem Garten deines Lebens,
das Feuer wahrer Liebe sucht es dort vergebens.
Die Liebe sie verfliegt schnell wie der Staub im Wind,
ihr Geist ist launisch wie ein kleines wildes Kind.

Dein Herz es schwebt bis in den siebten Himmel,
du hoffst, dein Prinz kommt auf dem weißen Schimmel.
Der süße Hauch der Liebe küsst dich sanft und zart,
das Grauen ihrer Launen trifft dich schnell und hart.

Mein Herz verliert sich in der Woge deiner Lust

Mein Herz verliert sich in der Woge deiner Lust,
der Pfeil der Liebe steckt so tief in meiner Brust.
Ich bin beflügelt von des Liebeswalzers Takt,
der Pfeil der Liebe durchstößt mich im Liebesakt.

Mein Herz verliert sich in der Woge deiner Lust,
der Pfeil der Liebe steckt so tief in meiner Brust.
Mein Herz es lustwandelt im Garten deines Seins,
die Liebe - offenbart die Herrlichkeit des Weins.

Mein Herz verliert sich in der Woge deiner Lust,
der Pfeil der Liebe steckt so tief in meiner Brust.
Mein trunken Herz es ist betört von deinem Blick,
die Gunst der Liebe sie verführt mich mit Geschick.

Vor Glück

Vor Glück verliebte Menschen singen,
betört im kühlen Regen swingen.
Die Regentropfen küssen unsre Haut,
verliebte Herzen schlagen laut.

Wir tanzen im Mondschein gar wild,
im Herzen trage ich dein Bild.
Wir surfen auf der höchsten Welle,
ein Traum wie eine Liebesnovelle.

Wir springen von den hohen Klippen,
berauscht küsse ich deine Lippen.
Wir laufen barfuß durch den Regen,
der Zauber der Liebe ein Segen.

Was willst du noch?

Was willst du noch? Im Staub knie ich vor dir,
mein Knie gebeugt. Was willst du? Sag es mir?
Was willst du? In mir brennt des Schicksals Joch.
Des Stolzes wohl beraubt. Was willst du noch?

Was willst du noch? Geläutert stehe ich vor dir,
mein Haupt gesenkt. Was willst du? Sag es mir?
Was willst du? In mir brennt des Lebens Joch.
Der Würde wohl beraubt. Was willst du noch?

3. Kapitel

Der Teufel und sein Knecht

Der Teufel und sein Knecht sie saßen jüngst zu Tische,
im Sündenpfuhl der Welt erbeutet er die Fische.
Der böse Schelm hat keine blütenreine Weste,
des Teufels Geigen sie begehren auf zum Feste.

Der Teufel schwingt euphorisch seine falschen Reden,
dem Knecht versprach er einen Platz im Garten Eden.
Der Knecht erkennt zu spät die dunkle List der Lügen,
der Teufel er genießt des Knechtes Pein in vollen Zügen.

Dem Teufel dem gefällt des Knechtes holde Weibe,
mit List ein Keil wohl zwischen Weib und Knechte treibe.
Der Knecht er windet sich vor Scham und Gram im Staube,
er findet wieder fromm und schnell zum wahren Glaube.

"Die Hölle auf Erden erschaffen wir in uns selbst!"

Die Sonate des Zorns

Du entflohst doch einst dem Paradies, du Rebell,
ein Tanz in der Pein deines Seins, dunkler Gesell.
Die Sonate des Zorns spielt auf, Teufels Geschrei,
gar verbrannt sind die Flügel, erlöst und auch frei.

Dämon aus Fleisch und Blut

Gierig wie ein Geier kreist am Himmelszelt Angst und Wut,
auf der Erde wandelt nun der Dämon aus Fleisch und Blut.
Aus der Mündung ihrer Höllenwaffen fällt der letzte Schuss,
Dämon aus Fleisch und Blut gibt uns seinen Todeskuss.

Vor dem Tor in Rom

Die Ohnmacht liegt zu ihren Füßen, vor dem Tor in Rom,
das Glockenspiel der Heiligkeit ertönt vom Dom.
Die Hände zum Gebet gefaltet, ihre Augen leer,
das Tor verschlossen, Flügel sind getränkt in Teer.

Die Nacht so finster, ihr Schlaf so tief, vor dem Tor in Rom,
das Licht der Heiligkeit so nah, es strahlt vom Dom.
Gestrandet vor dem Tor in Rom, versteckt der heil'ge Thron.
Vom Papst gesegnet, ihre Hände bettelnd, welch ein Hohn?

Schrei nach Leben

Dunkle Wolken sie begehren donnernd auf, sie klagen drohend all ihr Leid,
blutdurchtränkt die Kimmung, es erhebt die Nacht ihr schwarzes Federkleid.
Lichtdurchflutet ist der Lebenstraum, die Saat des Schmerzes tief gedeiht,
wenn der Tag sich neigt dem Ende, ist das Sein dem Niedergang geweiht.

Dunkle Stürme sie begehren tosend auf, der Schrei nach Leben nicht erhört,
federleicht der Lebenshauch, die Pein der Finsternis den Lebensmut zerstört.
Sonnendurchflutet ist alles Leben, Mut im Herzen nach Vergeltung schreit,
Schrei nach Leben, klagend, ungehört – verhallt in der Tragödie unsrer Zeit.

Die Säbel rasseln schon laut

Die Säbel rasseln schon laut wie die Klapperschlangen, Warnung,
ein Blick ins dunkle Grab, der Tod kalt, ihre Macht ist Tarnung.
Die Wunden, tiefer als der Sprung von jeder Klippe, blutig,
vergiftet, ihr Gift im Blut brennt. Im Kampf geboren, mutig.

Die Ohnmacht faltet ihre Hände zum Gebet

Die Ohnmacht faltet ihre Hände zum Gebet,
der Hass er ebnet schon des Grabes kalte Beet.
Die Ohnmacht der Tragödie kniet vor Gott,
der Hass er führt die Menschheit zum Schafott.

Drang nach Freiheit

Durstig ihre Kehlen, trocken wie der heiße Wüstensand,
Fata Morgana der Freiheit, sie raubt ihnen den Verstand.
Die Gedanken sind gefangen in den Kerkern ihrer Wut,
Drang nach Freiheit schürt im Kämmerlein des Hasses Glut.

Die Vernunft im Geiste sich mit der Verdrängung gar verschanzt,
blinder Mob des Hasses mit der Hoffnungslosigkeit nun tanzt.
In der Finsternis des Seins sie können Freiheit nicht mehr sehn,
Drang nach Freiheit lässt das Schiff des Lebens untergehn.

Mit dem Finger an dem Abzug jener Waffe, die sich Freiheit nennt,
ungestillt ist das Verlangen, welches keine Gnade kennt.
Drang nach Freiheit ist und bleibt ein ungestümer Zukunftstraum,
jede Form der Machtbesessenheit löscht aus den Lebensraum.

Tanz der schwarzen Mamba

Tanz der schwarzen Mamba ist verführerisch,
die Liebkosung ihres Kusses mörderisch.
Ihr Haupt ist mit der Krone der Düpierung gekrönt,
zwielichtig ihr Sein, die Bosheit unversöhnt.

In den Venen es pulsiert ihr süßes Gift,
die Verführung sie betrog die heil'ge Schrift.
Ihre Zunge ist gespalten in der Listigkeit,
im Kuss der Verdammnis dem Verfall geweiht.

All die Freud

All die Freud entfloh ins Jammertal,
die Tragödie sie betritt den Saal.
Und das Drama spielt im Mozart-Takt,
all die Freud verstarb im letzten Akt.

All das Glück entfloh in ferne Zeit,
die Tragödie spannt die Flügel weit.
Prunkvoll, königlich dein edles Haupt,
all die Freud im Sturm der Zeit verstaubt.

Flieh Leben, flieh

Du sitzt im Käfig deines Seins,
versiegt der Quell des süßen Weins.
Flieh Leben, flieh. Was hält dich noch?
So irdisch ist des Teufels Joch.

Die Schwingen deines Seins gestutzt,
die Gunst der Stunde nicht genutzt.
Flieh Leben, flieh. Was hält dich noch?
So teuflisch ist des Schicksals Joch.

Du klammerst dich an eine Welt,
die wie ein Schiff am Fels zerschellt.
Flieh Leben. Warum fliehst du nicht?
Im Käfig stirbt dein Seelenlicht.

Auf der Straße bist du freier als der Wind

Für dich - sind verschlossen alle Türen,
Winters Kälte lässt dich nichts mehr spüren.
Auf der Straße bist du freier als der Wind
und so hilflos und verloren wie ein Kind.

Zitternd streckst du aus die kalten Hände,
dein Gesicht es spricht gar tausend Bände.
Auf der Straße bist du auf der Flucht,
tief und düster ist des Lebens Schlucht.

Für dich - kann die Sonne morgen scheinen,
wenn du wieder stehst auf deinen Beinen.
Auf der Straße bist du freier als der Wind
und so hilflos und verloren wie ein Kind.

Das Glück ist wie ein Schmetterling

Willst du das Glück wie einen bunten Schmetterling erhaschen,
dann fülle nicht nur eigennützig deine großen Taschen.
Das Glück es lässt sich wie ein Schmetterling im Winde treiben,
es ist so flatterhaft, es kann nicht lange bei dir bleiben.

Soll dir das süße Lebensglück zu deinen Füßen liegen,
dann musst du lernen, wie ein Schmetterling im Wind zu fliegen.
Die Blumen auf des Lebens Wiese musst du selber pflanzen,
das Glück wird wie ein bunter Schmetterling im Winde tanzen.

Ja, unser Deutschland ist so reich?

Entwürdigt sind die Alten, ihre Würde sie entschwand im Müll,
die Robe der Blasiertheit steigt empor im feinsten Tüll.
Die Reichen lustwandeln wie Gott in Frankreich, wie ein Scheich.
Ja, unser Deutschland ist so würdevoll und auch so reich?

Selbst für die Rechtschaffenheit ist ein Job nicht mehr genug,
gespalten ist die Zunge der Macht, schön verpackt ist der Betrug.
Die Armut lustwandelt wie Gott in Frankreich, wie ein Scheich?
Ja, unser aller Deutschland ist so würdevoll und auch so reich?

Oh Louisiana

Oh Louisiana, wie ich liebe deinen Blues,
vor dir - ich ziehe meinen Hut zum Gruß.
Oh Louisiana, schenk mir deinen süßen Kuss,
mein Herz es lauscht dir, bis es sterben muss.

Oh Louisiana, wie ich liebe deinen Swing,
mein Herz es weinte, als es von dir ging.
Oh Louisiana, deine Flügel spannst du weit,
die alte Seele trotzt dem Sturm der Zeit.

Oh Louisiana, oh - wie ich so liebe deinen Blues,
oh Louisiana, oh - ich ziehe meinen Hut zum Gruß.
Oh Louisiana, oh - du schenkst mir deinen süßen Kuss,
oh Louisiana, mein Herz lauscht dir, bis es sterben muss.

Oh Louisiana, oh - wie ich so liebe deinen Blues,
oh Louisiana, oh - mein Haupt neig ich vor dir zum Gruß.
OhLouisiana, mein Herz weinte, als es von dir ging.
oh Louisiana, oh - wie ich so liebe deinen Swing,
Oh Louisiana, oh - die weißen Schwingen spannst du weit,
oh Louisiana, deine Seele trotzt dem Sturm der Zeit.

Oh Louisiana, oh - wie ich so liebe deinen Blues,
oh Louisiana, oh - mein Haupt neig ich vor dir zum Gruß.

Um Mitternacht

Um Mitternacht der Geist von Halloween erwacht,
so schaurig schön der Tanz der schwarzen Nacht.
Der dunkle Fluch der Eule dir gewiss, ein Schrei,
dann eilt der Schlaf der Ohnmacht schnell herbei.

Die dunklen Geister spielen mit uns Katz und Maus,
es poltert und spukt heut – in jedem Haus.
Um Mitternacht der Geist von Halloween erwacht,
so schaurig schön der Tanz der schwarzen Nacht.

Die Staatskunst - die politische Satire

Denn auch der rechtschaffenste Buckel wird vom Staat ins Grab geprügelt?
Und in der Welten noblen Loge lebt der Snob gar ungezügelt?
So fleißig und verhöhnt die goldnen Hände jener armen Putzfrau,
die Staatskunst - die politische Satire sie steht immer im Stau.

Denn auch der rechtschaffenste aller Buckel trägt stets alle Schuld?
Der Armut fehle für ein würdevolles Leben Fleiß und die Geduld?
Die Staatskunst - die politische Satire sie schwingt züchtig ihren Stab.
Geprügelt ist vom Staat der rechtschaffenste Buckel bis ins Grab?

Jenseits unsrer Mauern

Hell erleuchten Kerzen unsre Weihnachtsbäume,
jenseits unsrer Mauern sind verloren ihre Träume.
Hell erstrahlt das Licht der Weihnacht in den Herzen,
jenseits unsrer Mauern dort regiert die Pein der Schmerzen.

Hell erstrahlt das Licht der Weihnacht, Frieden ist ein Segen,
jenseits unsrer Mauern hört man Bomben durch die Lüfte fegen.
Hell erleuchten wunderschöne Kerzen unsre Weihnachtsbäume,
jenseits unsrer Mauern ist verloren alles Leben, alle Träume.

Im Sturm

Schwach flackern sie im Sturm, ganz schwach,
das Feuer zischt, Schnee liegt auf jedem Dach.
Die Welt sie steht in Flammen, alles brennt,
weil Machtgier keinerlei Erbarmen kennt.

Schwach flackern sie im Sturm, ganz hell,
die Welt verändert sich, so rasend schnell.
Und doch, sie flackern im Sturm voller Mut,
kein Sturm der Welt löscht ihre heiße Glut.

Flehend

Flehend strahlt die Kerze, mahnend.
Naht das Ende nun, nichts ahnend?
Freude, nimmersatt, strahlt so hell.
Götterfunken, schön, all is well?

Flehend flackert sie im Winde,
liebevoll ist ihr Gesinde?
Freude schöner Götterfunken,
oben hört man sie gar unken.

Schergen des Teufels

Schergen des Teufels sie rufen laut: „Völker der Welt unterwerft euch, leis!“
Ihr Pakt im Feuer der Hölle geschlossen, Verderb und Tod euer Preis.
Schergen des Teufels sind euer Tod und in der Wunde der Welt der Dorn.
Kämpfer der Freiheit sie rufen laut: „Völker der Welt so erbebt im Zorn!“

Es grollt gar laut im Berge

Es grollt gar laut im Berge,
für Sie sind wir nur Zwerge.
Gebt Ihr denn niemals Ruhe?
Verhöhnt des Volkes Schuhe.

Dem Bauer auf der Wiese
erzürnt des Kontos Miese.
Wir wollen atmen, leben,
nach Heldentaten streben.

Des Lebens zarte Morgenröte liegt im Sterben

Fassade unsrer Welt zerspringt in tausend Scherben,
des Lebens zarte Morgenröte liegt im Sterben.
Der Schlag des Herzens in uns tausendfach verstorben,
des Lebens Saat auf unsren Feldern ist verdorben.

Das Wort des Friedens es zerspringt in tausend Scherben,
des Lebens zarte Morgenröte liegt im Sterben.
Der Flügelschlag des Seins ist tausendfach gebrochen,
Gevatter Tod kommt aus dem Grab gekrochen.

In Winters Todeskälte keine Lerche singt

Fanfare ihres Todes in der Welt erklingt,
in Winters Todeskälte keine Lerche singt.
Des Feuers Sühne in den Menschenherzen brennt,
in Winters Kälte der Tod kein Erbarmen kennt.

Der spitze Dorn des Schmerzes in der Welt verglüht,
in Winters Todeskälte keine Rose blüht.
Des Feuers Sühne in den Menschenherzen siegt,
in Winters Kälte der Frühling im Grabe liegt.

Im Gedenken an die Opfer des Holocaust!!
"Kristallnacht": Die Welt schaute zu!
In der Nacht des 9. Novembers 1938 wurden überall
in Deutschland Synagogen, Geschäfte, Wohnungen zerstört.
Juden wurden gedemütigt und misshandelt - vor den
Augen der Deutschen und der Welt.

Du bist

Du bist der Nektar meiner Blüte,
in meinem Herz bist du die Güte.
Du bist das Wort in meinem Buch,
in meinem Sarg bist du das Tuch.

Du bist das Leid in meinem Herz,
in meinem Herz bist du der Schmerz.
Du bist das Tal in meinem Land,
in meinem Grab bist du der Sand.

Du bist die Blume in dem Feld,
in meinem Traum bist du der Held.
Du bist in meinem Wald der Baum,
in meinem Schlaf bist du der Traum.

Du bist die Träne in dem Auge,
in meinem Herz bist du der Glaube.
Du bist das Licht in meiner Nacht,
an meinem Grab hältst du die Wacht.

Der Geist des Todes

Er schwärmt von der antiken, griechischen Tragödie,
mit Leidenschaft liebt er die menschliche Komödie.
Jahrhunderte verfliegen für ihn wie im Fluge,
der Menschen Jammertal erlischt in einem Zuge.

Er schwärmt vom wahren, fernen Glanz der alten Dichter,
mit Leidenschaft liebt er die hellen Kerzenlichter.
Das Leben zieht er schier an wie das Licht die Motte,
er liebt die Wellen unterm Bug der weißen Flotte.

Heißa, Walpurgisnacht

Heißa Walpurgisnacht, Hexen - sie tanzen um Mitternacht!

Um Mitternacht

Aus aller Welt es eilt herbei die Hexenbrut,
im Hexenlager knistert schon des Feuers Glut.
Der große volle Mond er küsst die dunkle Nacht,
die Hexen sie erwachen heut um Mitternacht.

Am schönen Brocken ist der Hexentanz so Brauch,
und aus dem Hexenfeuer steigt empor der Rauch.
Auf ihren Besen fliegen sie gen Himmelszelt,
der Tanz in den Mai er beglückt die ganze Welt.

Zeitgemäß getarnt der Nazi

Zeitgemäß getarnt der Nazi, er trägt keine schwarzen Springerstiefel mehr,
bürgerlich, gesittet die Fassade und der feine Anzug muss nun her.
Wie die Aale winden sie sich in den Lügen, tief verwurzelt ist ihr Hass,
ihre Worte legen Feuer und dann führen sie das Volk zum Aderlass.

Zeitgemäß getarnt der Nazi, er trägt öffentlich das Hakenkreuz nicht mehr,
bürgerlich, verschleiert die Fassade und der feine Anzug muss nun her.
Reiten auf dem Pferd von Troja in das Land, und so verräterisch ihr Wort,
Hitlers dunkle Erbe lobpreisend, sie tragen den Verderb an jeden Ort.

Nichts?

Der Wahnsinn lauert hinter jeder Ecke, hinter jedem Baum.
Die Gnade Gottes, das Gebet – Nichts hält ihn wohl im Zaum?
Die Mordlust sie umnachtet ihren Geist. Wir rufen Halt!
Der Wahnsinn lauert schon in jeder Stadt und Nichts stoppt die Gewalt?

Der Wahnsinn er will ihre Gotteshäuser brennen seh'n,
ihr Feindbild tief verwurzelt und sie wollen Nichts versteh'n.
Der Wahnsinn lauert hinter jeder Tür, in jeder Schicht.
Die Gnade Gottes, das Gebet – Nichts führt uns in das Licht

Nein!

Des Hasses Arglist sie marschiert ganz unverblümt in unsren Reihen,
mit Inbrunst schreien unsre Herzen: "Nein!" Der Hass wird uns entzweien.
Herr, so lass doch die Gunst der Liebe wieder in den Herzen lachen,
des Hasses dunkle Arglist darf nicht mehr zum Leben neu erwachen.

Wir sagen Nein zum Faschismus!

Gib nicht auf, wenn dein Sein am Boden liegt

Gib nicht auf, wenn dein Sein am Boden liegt
und deine Seele fort von dir gen Himmel fliegt.
Steh auf, wenn dein Herz keinen Ausweg sieht
und deine Seele fort von dir gen Himmel zieht.

Gib nicht auf, wenn dein Sein in Scherben liegt
und deine Seele fort von dir gen Himmel fliegt.
Steh wieder auf, auch wenn das Leid in dir erbebt
und deine Seele fort von dir gen Himmel schwebt.

In der Finsternis erstrahlt für dich ein Licht

Glaub mir, auch wenn dir das Leben schlägt in dein Gesicht,
in der Finsternis erstrahlt für dich ein Licht.
Glaub mir, auch wenn dich umarmt die dunkle Nacht,
in der Finsternis ein neuer Tag für dich erwacht.

Glaub mir, auch wenn dich dein Leben schier zerbricht,
in der Finsternis erstrahlt für dich ein Licht.
Glaub mir, auch wenn dich der Schmerz in dir verschlingt,
in der Finsternis ein Licht dir Hoffnung bringt.

Es heißt

Es heißt: du sollst nicht töten,
auch wenn du bist in Nöten.
Sind eure Herzen erst verloren,
so hat der Hass euch auserkoren.

Dein Herz ist dir geblieben,
es heißt: du solltest lieben.
Der Hass wird dich betrügen,
es heißt: du sollst nicht lügen.

Es heißt: du sollst nicht stehlen,
der Hass wird dir befehlen.
Sind eure Herzen erst verloren,
so hat der Hass euch auserkoren.

Der Wolf im Schafspelz

Der Wolf im Schafspelz schleicht herum?
Er glaubt die Schäflein wären dumm?
Der Wolf im Schafspelz lehrt die Liebe.
Er sät der Missgunst dunkle Triebe?

Der Wolf im Schafspelz sich versteckt?
Die Wahrheit hält er noch verdeckt?
Der Wolf im Schafspelz sich erhebt,
der Zorn in armen Schäflein bebt.

Dem Wolf im Schafspelz blind vertraut,
den Schock das Schäflein erst verdaut.
Den Wolf im Schafspelz gibt es nicht.
der Krug zum Brunne, bis er bricht?

Die Wärme in den Herzen

Die Wärme in den Herzen und die Löcher in den Taschen,
versuchen jeden Cent zum Überleben zu erhaschen.
Das Leben in den Dreck der Würdelosigkeit getreten,
sie hatten nicht um die Gunst der Armut gebeten.

Die Trauer in den Augen und die Liebe in den Herzen,
sie sind verloren in der Finsternis der Schmerzen.
In der bürgerlichen Welt: verpönt, stigmatisiert,
die unantastbare Würde verloren, traumatisiert.

Wenn der wilde Flieder wieder blüht

Wenn der wilde Flieder wieder blüht,
eine tiefe Sehnsucht in mir glüht.
In den Wolken such ich dein Gesicht,
tiefe Trauer meine Seele bricht.

Wenn der Fliederduft mein Herz betört,
eine tiefe Sehnsucht mich zerstört.
Sanft liebkost der milde Wind mein Haar,
wie schön doch das Leben mit dir war.

Abgrund

Nie war ein Abgrund für mich tief genug,
längst abgefahren ist der letzte Zug.
Mein Sein in Flammen, knie vor dir im Dreck,
am Grab es brennt die Kerze im Gesteck.

Nie war ein Abgrund für mich tief genug,
längst aufgeflogen ist der Selbstbetrug.
Mein Stolz gebrochen, knie vor dir, zu spät,
ich muss jetzt ernten, was hab ich gesät.

Gevatter Tod er wandelt durch die Gassen

Gevatter Tod er wandelt durch die Gassen,
das Leben es verblüht auf den Terrassen.
In dunklen Nächten flüstert leis der Todeswind,
verloren ist das arme,bange Menschenkind.

Gevatter Tod er wandelt durch das Leben,
die Pein des Grauens werden wir durchleben.
Es dürstet ihn nach reinem Menschenblut,
berauscht ist er von ihrer Angst und Wut.

Gevatter Tod er wandelt durch die Herzen,
sein böses Treiben bringt uns Pein und Schmerzen.
Vor seiner Lust könnt ihr euch nicht verstecken,
mit größter Freude lässt er uns verrecken.

Gevatter Tod verbreitet Angst und Schrecken,
nichts kann uns aus dem Todesschlaf erwecken.
Mit Wonne trägt er dich zu deinem Grabe,
Gevatter Tod genießt die dunkle Gabe.

4. Kapitel

Der Hahn mit seiner Henne

Wer sitzt denn da schon wieder froh erheitert in dem Busch,
es ist der Hahn mit seiner Henne, das geht flott, husch, husch.
Der stolze Gockelhahn beweist mit frecher Kehle seine Macht,
oh wenn er doch nur wüsste, auf ihn wartet schon die Schlacht.

Du selbstherrlicher Hahn sei wohl vor meiner Strafe auf der Hut,
denn, so ein buntes freches Federvieh das schmeckt doch gut.
Der Schlag war gnadenlos, er torkelt wie betrunken von dem Bier,
er guckt mich flehend, klagend an, nun gut, begnadigt sei er hier.

Wie soll Frieda nur die Weihnachtszeit ertragen?

Wie soll Frieda nur die Weihnachtszeit ertragen?
Aus der Küche hört man lautes Klagen.
Auf in den Kampf: backen, kochen, putzen
und der Gans noch schnell die Flügel stutzen.

Wie soll Frieda nur die Weihnachtszeit ertragen?
Alle Jahre wieder, Stress und lauter Plagen.
In dem dunklen Walde da steht noch die Tanne,
denn das Auto hatte leider eine Panne.

Wie soll Frieda nur die Weihnachtszeit ertragen?
Aus der Küche hört man Frieda sich das fragen.
Draußen macht der Fuchs leis heimlich seine Runden,
denn auf Friedas Gans da lauert er seit Stunden.

Wie soll Frieda nur die Weihnachtszeit ertragen?
Auf gar keinen Fall wird sie jetzt schon verzagen.
Plötzlich war es um die fette Gans geschehen,
keine Menschenseele hat die Gans gesehen.

Wie soll Frieda nur die Weihnachtszeit ertragen?
Alle Jahre wieder, Stress und lauter Plagen.
An dem Weihnachtsabend sind sie brav zu Tische,
köstlich schmecken auch die guten Fische.

Wie soll Frieda nur die Weihnachtszeit ertragen?
Auch der Rücken fängt schon an sich zu beklagen.
Fängt der schöne Weihnachtsbaum auch Feuer,
Weihnachten ist Frieda lieb und teuer.

Auch in diesem Jahr hat Frieda ihre Sorgen

Auch in diesem Jahr hat Frieda ihre Sorgen:
Kochen, Backen, Putzen, bis zum frühen Morgen.
Benny, Nachbars Hund, entfloh mit Friedas Ente,
und ne neue gibt´s wohl nicht von ihrer Rente.

Auch der flinke Fuchs ist dieses Jahr viel schneller,
klaut er doch die letzte Gans aus Friedas Keller.
Auch in diesem Jahr hat Frieda ihre Sorgen,
ein Gewehr das musste Frieda sich besorgen.

Ja, dem bösen Fuchs geht´s jetzt an seinen Kragen.
Nichts und Niemand lässt die Frieda je verzagen.
Könnte Frieda morden? Sinnlos: Glaube und die Taufe?
Sie kommt wohl am Ende noch vom Regen in die Traufe?

Morden? Sie kann das nicht, auch nicht einen Hasen schießen,
würden doch aus ihren Augen viele Tränen fließen.
Auch wenn Frieda plagen Sorgen und auch Schmerzen,
dennoch, sie liebt Weihnachten aus tiefstem Herzen.

Kater Max, er wetzt die Krallen

Voller Wonne tanzt das helle warme Sonnenlicht,
in den Baumwipfeln da sitzt der böse Wicht.
Wie der wilde Affe schwingt er sich von Ast zu Ast
und am Ende landet er im schönen Knast.

Weit geöffnet und verlockend ist das Kämmerlein
und es lädt zum großen wilden Raubzug ein.
Kater Max, er wetzt die scharfen langen Krallen schon,
ja, dies ist des Räubers Lohn, ganz ohne Hohn.

Schreie hallen in dem stillen Kämmerlein sehr laut,
ja, der Kater Max, er wurde nie beklaut.
Dunkler Bösewicht, er schürt des Katers wilde Wut
und in Strömen fließt des armen Räubers Blut.

Kater Max liegt heute wieder auf der Lauer

Kater Max liegt heute wieder auf der Lauer.
Ist der nächste dumme freche Dieb wohl schlauer?
Leis erklimmt der dunkle Bösewicht die Leiter,
Kater Max ist klüger und auch viel gescheiter.

Mutig hält der Kater Max zu Haus die Zügel,
für den bösen Räuber setzt es wieder Prügel.
Seine langen Krallen sind scharf wie die Klingen,
leider hat der Schurke nicht des Vogels Schwingen.

Wie vom Wind getragen fliegt er in die Tiefe
und er liegt im Busch, als ob er feste schliefe.
Kater Max ergötzt sich aus dem tiefsten Herzen,
nur der böse Räuber wird geplagt von Schmerzen.

Kater Max, er lässt das Mausen nicht

Dieses Mal ist er der dunkle Bösewicht viel schlauer,
in der Dunkelheit erklimmt er schön die Gartenmauer.
Zum Dieb, denkt er sich, dazu er wurde ja geboren,
Kater Max, er wurde zu der Jagd jedoch erkoren.

Kater Max, so kühn wie er ist, lässt das Mausen nicht,
unterm Sternenzelt da springt er ins Gesicht dem Wicht.
Schmerzen, ja die gehen diesem Räuber in die Glieder
und den bösen Kater Max will er nie sehen wieder.

Räuber dieser Welt: lasst dies euch eine Lehre sein,
Kater Max er lädt euch nicht zum wilden Raubzug ein.
Böse Schurken die verweist er schier aus dem Revier,
Kater Max der ist ein kluges und ein liebes Tier.

Kater Max ist wieder auf der Pirsch

Was für ein Geschrei: „Oh Halloween ist heut."
Kater Max kommt angeschlichen, hoch erfreut.
Kater Max ist gut gelaunt und auf der Pirsch,
auf der Lauer Jäger Karl, Max warnt den Hirsch.

Jäger Karl tobt und schreit, schäumt vor lauter Wut,
Kater Max, des Teufels Brut, treibt ihn zur Glut.
Was für ein Geschrei: „Oh Halloween ist heut."
Kater Max, er schleicht herum, verscheucht die Leut.

Kater Max denkt sich: so ein Schmarrn, ich bin lieb,
Jäger Karl ist nah, Max kriegt 'nen dollen Hieb.
Halloween ist heut, der Kürbiskopf strahlt hell,
Geisterstunde: Jäger Karl er flüchtet schnell.

Auf der Alm

Satt das Grün der Wiesen, wachgeküsst vom Tau,
auf der Alm da tanzt des Bauers holde Frau.
Gut das Leben, glücklich auch des Bauers Sau,
selbst des Bauers Kater wohlgemut und schlau.

Auf der Alm, des Herzens Liebe treu und gut,
nur der freche Hahn erweckt des Bauers Wut.
Faul der junge Hahn, kräht niemals, wenn er's soll,
mit den hübschen Hühnern treibt jedoch er's toll.

Das liebestolle Froschkonzert

Die Frösche singen liebestoll keck um die Wette.
Wer wohl der Herzensdame schenkt die Blumenkette?
Sie geben sich hin – ihrer Leidenschaft der Töne,
damit der Sieger auch der königlichen Hochzeit fröne.

Die Herzensdamen lauschen dem Gesang der Frösche,
sie wünschen sich, dass ihre Liebe nie erlösche.
Ja, dort im Teich die Frösche um die Wette ringen,
sie werden laut in lauen Liebesnächten singen.

Osterkrimi Teil 1

Wo hat Frieda ihn versteckt, den Osterbraten?
Auch der Has hat sich verirrt in Friedas Garten.
Kater Maxe ahnt: da ist doch was im Busche,
auf dem Felde fand er doch des Häschens Tusche.

Wer bemalt jetzt all die vielen bunten Eier?
Kater Maxe sucht den Has am kleinen Weiher.
Maxe sucht in allen Büschen und im Walde,
auch in jener alten finstren Kohlehalde.

Osterhas, er ist doch in der Tat verschwunden,
kluger Kater Maxe muss noch mehr erkunden.
Armer Osterhas, er braucht doch schnelle Hilfe,
Kater Maxe weiß: hier ist doch was im Schilfe.

Osterkrimi Teil 2

Auch verschwunden Friedas Osterbraten,
es gibt Spuren, die den Fuchs verraten.
Hat er auch den Osterhas gefressen?
Frieda kann das Osterfest vergessen?

Viele Spuren gibt es, folgen welchen?
Maxe findet auch ein Stückchen Fellchen.
Ach wie lieblich doch die Vöglein sangen,
hat der Jäger Karl den Has gefangen.

Kater Maxe folgt den Hasenspuren.
Zeit bleibt kaum, es ticken laut die Uhren.
Was ist wohl passiert mit diesem Hasen?
Maxe findet Eier auf dem Rasen.

Wo ist nur der Osterhas gelieben?
Welcher Bösewicht hat ihn vertrieben?

Osterkrimi Teil 3

Frieda hat heut wieder gute Laune,
Kater Maxe fand den Has, man staune.
Doch wo war der kleine Schelm gewesen?
Frieda war vom Kummer schnell genesen.

In die Kohlehalde war der Has gefallen,
Maxes Lachen hörte man laut hallen.
Alle konnten nun zu Ostern feiern,
mit Gesang und Tanz und bunten Eiern.

Meister Lampe liegt schon auf der Lauer

Meister Lampe liegt schon auf der Lauer,
tapfer ist er, auch bei Schnee und Schauer.
Nachbars böser Zamperl will heut jagen.
Holt er sich den Has? Er soll´s nicht wagen.

Meister Lampe listig, viel viel schlauer,
sucht schnell Schutz im Hof bei einem Bauer.
Ja, das Zamperl hat heut Pech, welch Trauer.
Meister Lampe kommt, bei Schnee und Schauer.

* Zamperl (bayrisch, ein kleiner Hund)

Des Försters Häuschen

Im Licht des Mondes ruft das Käuzchen,
des Försters Dackel rümpft sein Schnäuzchen.
Vom Dach da pfeifen laut die Spätzchen,
der Bub der küsst sein holdes Schätzchen.

Zuhause tanzen flinke Mäuschen,
der faule Kater macht ein Päuschen.
Der kluge Fuchs lacht sich ins Fäustchen,
nachts schleicht er um des Försters Häuschen.

Es lauern in den Betten Läuschen,
sie ärgern auch das kleine Kläuschen.
Auf dem Dach gurren laut die Täubchen,
die Mutter trägt des nachts ihr Häubchen.

Klar, fetzig war's mit dem Trabant

Klar, fetzig war's mit dem Trabant,
und für das Glück ist Porsche kein Garant.
Zu Essen gab's ja wohl genug,
wir reisten fröhlich in dem flotten Zug.

Der Freiheitsdrang gefürchtet sehr,
und viele Herzen schlugen schwer.
Beerdigt ist die DDR, beweint,
die Herzen heut in Einigkeit vereint.

Klar, fetzig war's mit dem Trabant,
und für das Glück ist Porsche kein Garant.

Die Uhr tickt

Die Uhr tickt. Schon am Sonntag ist es uns ein Graus,
der Montag ist ein Sturm. Er kommt mit Saus und Braus.
Der Sonntagsschmaus vergangen und er lauert schon,
der Montag ist ein starker Sturm, ganz ohne Hohn.

Die Uhr tickt. Schon am schönen Sonntag wird uns klar,
wie schrecklich düster doch der letzte Montag war.
Es hilft kein Jammern und kein Klagen, es ist aus,
der Montag wird uns fangen, wie die Katz die Maus.

Die Uhr tickt und der Montag schon laut lacht,
wir haben keine Angst, weil unser Mut erwacht,

Geigenspiel der Grille

Früher hörten wir ihr schönes zirpen, laut und frei,
heute ist die Grille nur noch eine Leckerei.
Schönes Geigenspiel der grünen Grille ist verstummt,
heute ist die Grille gut versteckt im Gras, vermummt.

In den Sommernächten durfte sie noch singen,
heut serviert, garniert mit scharfen Zwiebelringen.

Liebst du mich?

Liebst du mich? Jene Frauen siehst du, nur nicht mich,
in den weiten Sphären ihres Scheins verlierst du dich.
Aus der Werkstatt, viel zu tief gelegt, getunt, geklont.
Oh mein Gott, das arme Herz ertränkt und nicht verschont.

Ihre falschen Wimpern flattern lüstern mit dem Wind.
Ja, nur kein Neid, wenn dem Fuchs die Trauben zu hoch sind?
Ihre Krallen schon geschärft, der Porsche fährt zwar schnell,
aber im VW ist die Stimmung immer real und hell.

Einst träumte ich vom Liebesglück

Einst träumte ich vom Liebesglück, versunken wie ein Schatz am Meeresgrund,
ich suchte dich, die Träume sind ertrunken in den Tälern von Burgund.
Einst träumte ich vom Liebesglück, verweht vom Winde wie der Sand am Meer,
ich suchte dich, des Schicksals dunkle Pfade dornig, einsam und so leer.

Printed by Books on Demand GmbH, Norderstedt / Germany